NOTICE

DE

TABLEAUX.

12 février 1827

NOTICE

DE TABLEAUX,

DESSINS ET ESTAMPES, MÉDAILLONS AU FIXÉ, GROUPES ET FIGURES EN TERRE CUITE, VASES ÉTRUSQUES, BRONZES ET QUELQUES BIJOUX, BORDURE DE FONDS DE COMMERCE ET DIFFÉRENS AUTRES OBJETS,

Dont la Vente aura lieu par suite du décès de M. BRUNOT, ancien peintre et sculpteur; le lundi 12 février et jours suivans, matin et soir, en la grande salle de l'hôtel de Bullion, rue J. J. Rousseau.

L'exposition sera publique le Dimanche 11, depuis onze heures jusqu'à quatre.

Nota. Le Lundi matin on vendra quelques cadres en miniatures, quelques effets mobiliers, bijoux et tableaux médiocres.

———————

CETTE NOTICE SE DISTRIBUE

CHEZ MM. { COUTELLIER, Commissaire-Priseur, rue des Bons-Enfans, n°. 28; Ch. PAILLET, Commissaire-Expert-Honoraire des Musées royaux, rue Grange-Batelière, n, 24.

———

1827.

IMPRIMERIE DE A. CONIAM,
Faubourg Montmartre, n. 4.

AVERTISSEMENT.

Il est peu de personnes s'occupant, ou des arts, ou du commerce des arts, qui n'aient eu quelques rapports avec feu M. Bruxot, dont le caractère doux, les mœurs simples, l'amour de l'étude, et surtout l'enthousiasme pour son art, étaient tout ce qui fallait pour le rapprocher et des amateurs et des artistes dans presque tous les genres ; il cultiva la peinture de très-bonne heure, et toujours il eut une tension vers l'étude du cheval, dont plus tard il donna des révélations vraiment utiles et savantes sur l'étude anatomique de cet animal. Il travailla beaucoup à l'école d'Alfort, où il fut distingué des professeurs, et il parvint à un résultat satisfaisant en mettant au jour un modèle de la statue équestre d'Henri IV ; un cheval en liberté et plusieurs parties détachées, toutes étudiées et modelées d'après nature ; il publia aussi un ouvrage gravé sur l'anatomie du cheval ; et tout ce qu'il fit paraître eut, parmi les artistes, les savans et les gens du monde, un plein succès. Il aurait certainement rendu de plus importans services aux arts, si la mort ne l'eût enlevé au moment où il était sur le point de faire connaître ses recherches profondes dans l'art dont il faisait une étude constante.

Le peu de tableaux qui lui restait et dont madame sa veuve nous charge de la vente aujourd'hui, offre un choix de tableaux agréables et de bon goût, par MM. David, Regnault, Demarne, Rhoën, Taunay, Boilly, Mallet, Sweback, Ronmy, Vernet, Foucher, Dabos et Lorimier; quelques autres tableaux par différens maîtres des anciennes écoles ne devront pas manquer aussi de fixer l'attention et des curieux et des commerçans. On y retrouvera un tableau qu'il acheta à la vente de Grandpré une somme de 4500 fr. et qui était regardé dans ce cabinet comme une bonne marine de Claude le Lorrain; un magnifique bouquet de fleurs de G. Vanspaëndonck et plusieurs choses intéressantes qu'il gardait pour son plaisir et qui deviennent aujourd'hui le denier de la veuve.

NOTICE

DE TABLEAUX,

DESSINS ET ESTAMPES, ETC,

DÉSIGNATION DES TABLEAUX.

ÉCOLE FRANÇAISE, MODERNE ET ANCIENNE.

1. **Feu David.** — Portrait d'Alphonse Leroy, célèbre médecin et ami du peintre. Il est représenté vêtu d'une robe de chambre d'étoffe moirée, assis devant une table et occupé à écrire ; une lampe placée devant lui indique qu'il doit aux veillées une partie de ses méditations.

2. Buste d'une jeune dame ajustée à la romaine, présumée être le modèle qui lui a servi pour l'Hersilie du tableau des Sabines.

3. **M. Regnaud.** — Deux jeunes bacchantes, reposant à l'ombre d'un bosquet fleuri ; l'une d'elle tient une coupe et un vase à liqueur, l'autre, endormie, n'a que le bas du corps légèrement drapé et laisse voir toute la partie du dos à nud. Ces deux charmantes figures sont du faire le plus délicat, le paysage est écrit d'une manière large et peint avec vigueur. Sans crainte d'exagérer les éloges, nous recommandons aux amateurs de l'école moderne, ce précieux petit tableau d'un des artistes qui n'a pas le moins contribué à la gloire de l'école française.

4. DROLING. — Une des compositions les plus heureuses et gravée par Morel, sous le titre de la leçon d'humanité. Une mère conduit sa fille dans un hospice de vieillards et de gens infirmes, elle la fait approcher de ceux auxquels elle destine des aumônes et les leur fait distribuer par sa jeune fille, pour lui apprendre de bonne heure à connaître les douceurs qu'éprouvent les cœurs généreux à exercer la bienfaisance.

5. Portrait fort ressemblant de M. Druyère, ancien négociant.

6. M. TAUNAY. — Paysage, vue des environs du Dauphiné dont on aperçoit les montagnes s'élevant au-dessus de la cime des arbres. On remarque sur un chemin, conduisant à une allée profonde, plusieurs figures de femmes et enfans chargés de leurs linges.

Ce tableau a fait partie d'une des expositions de la société des amis des arts, et se recommande, moins par la source dont il vient, que par la réputation depuis long-temps méritée de son auteur.

7. GÉRARD VANSPAENDONCK. — Une des plus importantes compositions de ce grand peintre, offrant la réunion la plus variée des fleurs de toute espèce, groupées dans un vase d'albâtre et posé sur une table. Ce tableau qui porte la date de 1775, est celui de son agrément à l'académie. Sa dimension est de 3 p. 9 p. de haut, sur 3 p. de large.

8. DEMARNE (M.) — Dans un pâturage couvert de bestiaux, un villageois et une villageoise, assis au pied d'un arbre, s'amusent des jeux d'une jeune fille cou-

rant après un garçon qui lui a volé sa quenouille. Sujet, couleur, pinceau, tout recommande ce petit tableau aux amateurs.

9. SIVEBACK (père). — Le départ pour la chasse. Un des chasseurs est à cheval ; deux autres se disposent à mettre le pied à l'étrier. Au milieu d'eux est une dame montée sur un beau cheval blanc ; un valet en habit de livrée, les attend ; un piqueur les suit en sonnant du cor ; le reste de la troupe est un peu plus loin et s'avance à grands pas.

Un citadin se promenant avec une dame dans un léger tilbury, s'arrête au milieu d'un chemin pour causer avec une autre dame, qui est montée sur un cheval blanc. Cette dernière est accompagnée d'un cavalier qui a mis pied à terre. Ce tableau, ainsi que le précédent, se distingue par une touche délicate et spirituelle.

10. M. BOILLY. — Jeune fille de la Suisse, conduisant une vache. Le fond du paysage est terminé par des montagnes.

11. BRUANDET. — Charmant paysage, étude de forêt bordée par une rivière, cette composition a un heureux rapprochement avec celles de Ruisdaël ; elle est ornée de quelques figures et animaux.

12. VANDERBURGH. — Etude de paysage et cascade.

13. M. DABOS. — Intérieur de cuisine et accessoires de nature morte.

14. M. NAUDOU. — Deux tableaux, paysages à effet du matin et du soir.

15. Fabre de Florence. — Œtra, enseignant à son fils où étaient cachées les armes de son père.

16. St. Sébastien, percé de flèches.

17. Gauffier. — Antoine et Cléopâtre, composition de deux figures principales, traitée dans le genre historique et ornée d'accessoires de fort bon style.

18. Beau cheval au repos et harnaché. Il se détache sur un ciel chaud dont l'horison est terminé par des montagnes.

19. M. Mitoire. — Vieillard endormi et jeune garçon mettant la main à ses provisions.

20. M. Fouené. — Paysage à effet de clair de lune, imitation de Jos. Vernet.

21. Sivéback (père). — Choc de cavalerie entre soldats hongrois et prussiens, dans le fond d'une forêt.

22. M. Swagers. — Paysage traversé dans le milieu par un chemin qui conduit à un village. On y distingue plusieurs figures de villageois. Ce tableau anciennement fait, est d'un excellent ton de couleur.

23. Vernet (Joseph). — Deux tableaux, dont un offre la vue d'une grande étendue de mer, le peintre y a ajouté l'épisode de Jonas au moment où il sort du ventre de la baleine, l'autre a pour sujet Agar et Ismaël, représentés dans un vaste paysage.

Ils portent tous deux la date de 1753, ont été faits à Rome et sont gravés.

24. Etude faite en Italie, paysage et rochers.

25. M. ROUEN. — Plage où sont réunis des marchands de poisson. Un pêcheur y amarre son bateau ; le ciel présente un temps gris chargé de nuages.

26. LORIMIER. — Vue du temple de Tivoli et des parties souterraines de cet édifice.

27. DENIS. — Vue du pont de l'Arno, étude librement faite, et indiquant un grand effet de soleil.

28. M. MALLET. — Intérieur d'appartement avec scène, à laquelle on pourrait donner le titre des douceurs de l'union conjugale. Une jeune mère et son époux sont assis l'un près de l'autre et occupés à suivre la lecture de leur fils. Ce sujet plein de sagesse et de charme offre un double intérêt, comme scène familière et comme exécution précieuse dans tous ses détails.

28 bis. M. RONNY. — Vue de la grande cascade de Tivoli, sur le bord d'un chemin, une jeune fille portant une charge de bois.

29. CARLE VAN LOO. — Enfant tenant du raisin dans sa chemise.

30. PAR LE MÊME. — St. Jérôme.

31.   idem.   Amymone et Neptune.

32.   idem.   Figure académique.

33.   idem.   Deux esquisses peintes dans le goût de Wateau, pélerinage et repas champêtre.

34. LANTARA. — Paysage pris au soleil couchant, à gauche, un massif d'arbres, plus loin, des fabriques, des rochers et forteresse, une rivière est aussi traver-

sée par un pont sur le devant. Des figures de M. De-marne ornent ce paysage ; un des plus capitaux que l'on connaisse de ce maître.

35. J. SALJANUS. — Portrait d'un magistrat, miniature portant la date de 1631, et peinte sur vélin.

36. Feu M. BRUNOT. — Cheval blanc moucheté, vu de trois quarts dans un paysage, peint par M. Watelet.

37. Cheval bai, fond de paysage peint par le même.

38. Autre cheval blanc, fond de paysage par Bruandet.

39. Cheval bai brun, fond de paysage par M. Watelet.

40. Cheval fin noir.

41. Plusieurs études de chevaux de race.

42. D'après M. GRANET. — Intérieur d'un cloître.

43.   idem.   Deux autres vues de cloître, par M. Clerian.

44. M. LECLERC. — Intérieur d'après nature.

45. SUBLEYRAS. — Moines en extase devant leur patron. Esquisse terminée et d'une grande légèreté de pinceau.

46. CLAUDE LE LORRAIN. — Fort belle marine à effet de soleil couchant; on voit sur le devant du rivage une barque que des hommes sont occupés à charger; d'autres figures, indiquant des personnages de distinction, s'y font également remarquer. Un monument de belle archi-

tecture encadre la partie droite de ce tableau, dont le côté opposé offre la vue d'un vaisseau et d'une tour assez avancée en mer.

Tout ce que nous pouvons dire à l'avantage de cet ouvrage, regardé comme étant de ce peintre, c'est qu'il provient du cabinet *Grandpré* et qu'il y fut acheté par feu M. Brunot une somme de 4500 fr.; on le dit gravé dans l'œuvre de vérité.

TABLEAUX DE DIVERSES ÉCOLES.

47. ANDRÉ DEL SARTE. — Belle copie de la Sainte-Famille, d'après Raphaël.

48. POUSSIN. — Grand et beau paysage avec figures de baigneuses. Il provient de la vente de Robit.

49. DIEPENBECK (Abraham). — L'adoration des Mages; tableau d'une riche couleur et d'un fini plein de légèreté.

50. MIERIS (Guillaume). — Un buveur, le verre à la main, regarde en riant vers le spectateur; sa bonne mine annonce la santé; son costume est celui d'un homme opulent. Demi-figure peinte sur bois.

51. VANDEVELDE (Adrien). — Une villageoise, montée sur un âne, suit un petit troupeau qu'un valet ramène des champs. Joli tableau peint sur bois.

52. DIETRICK. — Deux tableaux faisant pendants et représentant des sites mêlés de rochers et d'arbres sauvages.

53. Van Artois. — Grand et bon paysage avec figures sur divers plans.

54. Wick (Thomas). — Chimiste dans l'intérieur de son laboratoire.

55. Dechatel. — Fête dans l'intérieur d'un parc.

56. Hemskerck. — Deux petites figures de paysans flamands.

57. Sneyder. — Hure de sanglier.

58. Baptiste. — Fleurs groupées dans un bocal.

59. Van Mol. — Diogène cherchant un homme. Ce tableau, attribué à Van Mol, est regardé comme une répétition et offre des variétés dans la composition.

60. Mirvelt. — Portrait d'un magistrat.

61. Palamèdes. — Réunion de six figures formant concert.

62. Van Kessel et Rotunamer. — Guirlandes de fleurs du plus bel émail et de la couleur la plus brillante; le milieu est un médaillon, sujet de la Vierge tenant sur ses genoux l'enfant Jésus adoré par les Anges.

63. Asselyn (J.). — Paysage à effet de soleil et orné de quelques figures.

64. Wouverman (P.). — Paysage et marine avec halte de cavaliers et dames.

65 Wandevelde (Guillaume). — Petite marine par

un temps calme; on y remarque plusieurs vaisseaux et barques de pêcheurs qui se détachent sur un ciel bien nuagé. Ce tableau est du beau faire de ce maître.

66. ZÉÉMAN. — Vaisseau amiral saluant plusieurs autres vaisseaux de guerre.

67. OSTADE (Adrien). — Fumeur, tenant d'une main un pot de bière, et de l'autre une pipe.

68. PÉRUGIN. — Sainte Cécile, vue à mi-corps, proportion demi-nature dans le style de Raphaël.

69. JULES ROMAIN (attribué à). — Tête d'étude grande comme nature.

70. QUINTIN MESSIS. — Philosophe appliqué à l'étude de l'anatomie; il a le doigt posé sur une tête de mort.

71. ROTHNAMER. — Saint Jean présentant la croix à l'enfant Jésus sur les genoux de sa mère. Ce tableau, bien conservé, est entièrement dans la manière du Parmesan.

PAR DIFFERENS MAITRES.

72. Tête de page. Ecole de Rubens.

73. Portrait de Paul Scarron.

74. Tête de Satyre, par Polembourg.

75. Fleurs, par Van Spaëndouck.

76. Médaillon ovale, par Herman d'Italie.

77. Portrait de Greuze, par Fragonard.

78. Portrait d'homme, par Hensius.

79. Les singes peintres, par Oudry.

80. PILLEMENT. — Le retour aux champs et le départ pour le pâturage. Deux tableaux.

81. CASANOVE. — Cheval blessé et paissant dans une prairie.

82. DROUAIS. — Esquisse de son tableau de Thésée retrouvant les armes de son père.

83. M. VALIN. — Marine représentée par un temps d'orage. On aperçoit, à la droite du tableau, un rocher contre lequel viennent se briser les vagues, et qui sert à la fois de réfuge à des naufragés.

84. VALENCIENNES. — Etude do soleil couchant.

85. SUEBACK. — Etudes de chevaux.

86. M. BOILLY. — Portrait du premier Consul.

87. BRUANDET. — Eglise de campagne.

88. M. RIOULT. — Vue d'une rue de Flandres, où l'on voit un jeune garçon, tenant un chat blessé, dont il a compassion.

89. Débris d'architecture, par Robert.

90. Portrait de M. Watelet, ancien académicien, par M. Delatour.

91. Marine, par Zéman.

ESTAMPES.

92. L'abreuvoir d'après Sweback. Effets de neige d'après Vanloo. Chevaux de Kuntz. Psyché suppliante. Jupiter et Calisto. Chevaux d'après Carle Vernet; suites, Portraits dont celui de Dazincourt et quelques lots d'estampes.

DESSINS.

93. Vues des monumens de Rome, par Nicole.

94. Animaux, par Legillon, intérieur par Ostade et une pièce par Parocel.

95. Un médaillon peint au fixé, par M. Bertin, et plusieurs autres par différens artistes.

96. Six académies, par Prudhon.

97. Deux oratorio, par Nicole.

98. Dix-sept petits dessins aquarelles, par G. Vanspaendonck, fleurs et vases.

99. Trois gouaches, monumens antiques.

100. Deux dessins, par Thienon et Granet.

101. Bonaparte aux arrêts pendant 24 heures, dessin par M. Bergeret.

102. Jeune fille jouant avec un chat, et jeune garçon faisant faire l'exercice à son chien. Deux dessins encadrés, par M. Boilly.

103. Trois feuilles contenant des études de Sueback.

104. Cinq autres dessins de Sueback, marche d'armée, études de paysages et autres.

105. Trois dessins à la mine de plomb et au lavis, par Sueback.

106. Deux dessins de Parocel et une aquarelle de Lebarbier.

107. Trois têtes de Wateau et un paysage de Bol.

108. Diverses études, par le premier peintre de l'empereur de Russie.

109. Cinq dessins de Sylvestre.

110. Etudes d'arbres de M. Bertin. 5 pièces.

TERRES CUITES ET SCULPTURE.

111. Deux groupes composés de bacchantes, satyres et enfans. Deux morceaux de grande dimension et des plus capitaux de Clodion.

112. Jeune fille interrogée par l'Amour.

113. Quatre figures allégoriques, par Julien.

114. Sanglier et biche couchés.

115. Etude de mouton aussi couché.

116. Autre étude d'un cheval, modelé en cire, 8°. de nature.

117. Trois vases étrusques dont un du milieu, de grande dimension avec composition en figures.

118. Figure de Junon de la villa Albani, modèle d'après l'antique et fait par Marin à Rome.

119. Une femme du peuple, faite à Rome, d'après nature.

120. Quatre figures, Bacchus, Érigone, Pâris et Flore.

121. Dix bustes, têtes de fantaisie, bacchantes, femmes et autres.

122. La statue du vice-amiral de Tourville, telle qu'elle sera exécutée, de douze pieds de proportion pour le gouvernement.

123. Jeune fille, dite la cruche cassée.

124. Deux chevaux modelés d'après nature.

125. Deux autres d'après le *Désiré*, étalon d'Alfort, plâtres par M. Brunot.

126. Deux portraits équestres du général B.

127. Modèle en bronze du portrait équestre de S. A. R. Monseigneur le Duc d'Angoulême, et le moule en plâtre ; cet article donnera droit de propriété.

128. Squelette de cheval et plusieurs têtes avec tout l'encolure.

129. Plusieurs selles de sculpteur dont à roulettes et à armoire.

130. Les articles omis seront compris sous ce numéro.